www.ingramcontent.com/pod-product-compliance
Lightning Source LLC
LaVergne TN
LVHW040322200726
843493LV00015B/2447

قطره‌ای مانده به دریا شدنم

Form Publications | نشر فرم

قطره‌ای مانده به دریا شدنم

حمیده میرزاد

قطره‌ای مانده به دریا شدنم

حمیده میرزاد

مدیر نشر: حمیده میرزاد

صفحه‌آرایی و طرح جلد: وحید عباسی

چاپ دوم - ۱۴۰۳، نروژ

شمارگان: نامحدود

شابک: ۴-۸-۶۹۳۳۷۸-۸۲-۹۷۸

حق چاپ برای نویسنده محفوظ است

One drop left to become the sea
Hamide Mirzad
Page layout and cover design: Wahid Abassi
First edition : 2024, Norway
Number of prints: Unlimited
ISBN: 978-82-693378-8-4

www.formbook.org
info@formbook.org

شب‌های طولانی زمستان و چشمانی که نمی‌توانند بخوابند. نفس‌های مکرر مردی که در کنارش آرام گرفته بود، او را از تنهایی خیالی بیرون می‌کشد. آرام از رختخواب بلند می‌شود تا مزاحم خوابش نشود. مثل همیشه کنار همان پنجره می‌ایستد. روی بخار شیشه چیزی می‌نویسد و سپس پاک می‌کند. سکوت مرگبار و نورهایی که صحنه‌ی برفی بیرون را تزیین می‌کرد، جلوه‌ی خاصی به وجود آورده است. خاطرات مثل غذای داخل معده هنگام تهوع، برمی‌گردند! هرم داغ شومینه بر چهره‌اش می‌خورد و او را به یاد آفتاب بعد از ظهر تابستان در شهرش می‌اندازد. نه حوصله‌ی ماندن دارد و نه طاقت رفتن!

زیبایی شهر دیگر او را خوشحال نمی‌کند. به جای درختان کریسمس، دود انتحار و به جای چراغ‌ها، گلوله‌های قرمز می‌دید. وقتی آنجا ایستاده بود و به شب سرد زمستان نگاه می‌کرد، خاطرات زادگاه در ذهنش موج می‌زد. گرمای آفتاب روی پوست و هیاهوی خیابان‌های شلوغ را به یاد می‌آورد. از طرفی، این

شهر بی‌روح خفه‌اش می‌کرد. دریغ که او هرگز نمی‌تواند به عقب برگردد. سنگینی غم و حسرت، او را در خود فرو برده است.

زن در این همه بیگانگی رها شده بود. درد عجیبی در شکم احساس می‌کرد. از جا بلند شد و به سمت یخچال رفت! با دیدن غذا، حالش بد شد.

دو قرص آرام‌بخش در دهان می‌گذارد و یک لیوان آب می‌نوشد. دوباره به رختخواب می‌رود، گوشی را باز می‌کند و صفحات مختلف فیس‌بوک (خوانده و نخوانده) را لایک می‌کند؛ تصاویر دلخراش سرهای بریده، اجسادی که دریا تف کرده و زنی مدفون زیر سنگ‌ها...

این درد طاقت‌فرسا درمان‌پذیر نیست. انگشتانش ناخودآگاه روی کیبورد می‌لغزد و شروع به نوشتن می‌کند. مردم چقدر حرف می‌زنند! نگاهشان، شعرها، قصه‌ها و حتی سکوت‌شان پر از حرف‌های ناگفته است. اینجا ظاهراً همه آرامند اما زنی پشت پنجره سرگشتگی‌هایش را مرور می‌کند. اینجا گدایان، آب معدنی می‌نوشند ولی او سخت تشنه‌ی دیدار است...

حمیده میرزاد
زمستان ۱۳۹۴

به خاطر تو

برای بال زدن سوی آشیانه‌ی عشق، گناهکار شدم آسمان به خاطر تو
گهی بهار شدم زار زار باریدم، شدم به وسعت یک کهکشان به خاطر تو

درون کشور دل باز انقلاب شده است، یکی شعار اناالحق به گریه می‌خواند
هوس حقیر شد و عشق آفرین دارد، تلاطم است زمین و زمان به خاطر تو

تو انحنای تنی را که باکره است هنوز، به شکوه آوری هر شب به لمس دستانت
من امتداد یکی درد کهنه و جاوید، که تازیانه خورم بی‌امان به خاطر تو

صدای دختر شرق اگر که من باشم، تو ساده فکر نکن، سخت و مردم‌آزارم
گلی شکفته شد آری کنار زنجیری، که بسته است حقیقت به جان به خاطر تو

صدای روسپیان، مردگونه می‌آید، حضیض ذلت و مرگ است آشیانه‌ی عشق
تو را ورق به ورق خوانده بی‌صدا یک زن، زنی که شکوه کند بی‌زبان به خاطر تو

دیوارهای بی‌در

هم‌زاد من خوابیده با هم‌بسترش تا صبح
دست لطیفی برکشد بر پیکرش تا صبح

هم‌زاد من یک باور گُنگ است، عشق‌اش را ـ
قی می‌کند هر شب به روی چادرش تا صبح

از عشق‌های بچگی هی قصه می‌بافد
یا شعر می‌خواند به داغ مادرش تا صبح

می‌گوید از دیوارهای بسته‌ی بی‌در
با آسمانِ ابری و بی‌اخترش تا صبح

با شیشه‌ای خط می‌کشد روی رگِ دستش
دیوانگی‌ها کرده شام آخرش تا صبح

شاید نماند زنده اما آرزومند است
سر را نهد بر بازوی هم‌باورش تا صبح

بزن جرقه، برقصد خیال در آتش
شود مشاهده ققنوس و بال در آتش

بزن جرقه خدایم به ذهن خشک و ترم
که نیست می‌شود این ابتذال در آتش

کجاست مرگ قشنگم! رها شدم در باد
شکوه خاتمه‌ی قیل و قال در آتش

زنی که ثانیه‌ها غرق، غرق بی‌خودی است
سفیدبخت شده پیر زال در آتش

شبانه یاد تو مانند پیت بنزین است
وگُر گرفته دلی بی‌زوال در آتش

از جنس کبوتر

دیوانگی و شعر ز جنس کبوترند
در شهرِ پُر قفس شده! با عشق می‌پرند

این شاعران عاشق آن‌سوتر از خدا
از زاهدان شب‌زده صد چند بهترند

هرگز به مرگ عاطفه باور نمی‌کنند
فریادهای معترضِ پشتِ یك درند

در گفت‌وگوی عشق سیاست نمی‌کنند
چون لحظه‌های اوج شکفتن معطرند

با آذرخش واژه و حس رهایی‌اش
هر روز عشق بر سر بازار می‌برند

دف بزن بر قبور اجدادی

آمدم درب خانه‌ات شاید، تو به این جسم مرده جان بدهی
حجم پرواز من اگر کوچک، وسعتی قدر آسمان بدهی

آمدم بعد دلخوری از خود، یک مُسکن به باورم بزنی
شانه‌های تکیده‌ای دارم، تکیه‌گاهی برای‌شان بدهی

زار زار التماس باریدم، پیش چشمت خدای خوبی‌ها
تا که دستان خشک مزرعه را، با بهاری دوباره نان بدهی

پاسخ تو سکوت در اماست، چون چلیپای روی رگ‌هایم
می‌نشینم کنار مرقد خود، تا برایم کمی اذان بدهی

رنگ جغرافیای ما جنگ است، دف بزن بر قبور اجدادی
فخر تقدیرنامه را باید، تو به سرباز نوجوان بدهی

روح بی‌قرار

عصیانگرِم و شب زده، یك عمر آزگار
در خود شکسته‌ایم همه عمر بار بار

امشب تویی و دردِ بدهکاری سکوت
فردا منم و دستِ طلبکار روزگار

تو یک نیازِ دور برای رسیدنی
من یک زنم که گم شده در هاله‌ای غبار

من گریه می‌کنم به غریبی دست‌هام
یک عکس کهنه ، یک گل و چوکات یک بهار

تو! من نمی‌شوی و نخواهی ز من شدن
باشد! رهات می‌کنم از قید این حصار

تا می‌روی ، توقف من می‌شود شروع
من ماندم و تلاطم یك روح بی‌قرار

فرار می‌کنم از تو و درد و بیزاری
شبیه خستگی‌ام بین خواب و بیداری

فرار می‌کنم از معنی زنانگی‌ام
تو مرد ذهن منی، گرم مردسالاری

تویی شروع عطش‌زا که مثل یک دریا
زلال و ساده ولی در لبت نمک داری

همیشه یاد تو چون غده‌ای درون سرم
مباد عود کند این بلای اجباری

به روح خسته‌ی خود می‌خورم قسم، دیگر ـ
که دست می‌کشم از این همه خود آزاری

مسافر

مسافری که غریبانه راه می‌افتد
ز دست‌های منِ اشتباه می‌افتد

گذاشت در چمدان خواب سال‌های مرا
نمی‌رود ز دل و از نگاه می‌افتد

چو ماه می‌شود و در غروب می‌آید
عبور می‌کند و در پگاه می‌افتد

اگر که نگذرد از چارچوب چشمانم
گناه می‌کنم و در گناه می‌افتد

چو روح قافیه‌گردم سبک‌سر است و رئوف
مبرهن است که آخر به چاه می‌افتد

تابو

چشم‌هایی به رنگ بی‌خوابی بین کابوس و درد سرگردان
قاب عکسی کنار یک تخت و بوسه‌های مکرر و ارزان

غرق موهای موج در موجش می‌رود تا به مرز روییدن
در تب التهاب می‌شکند عشق‌های مکرر و بی‌جان

یادهایی که ساده حک شده‌اند، شکل یک قلب مرده روی درخت
نیمکت خالی و شکست سکوت، با سرانگشت چک چک باران

دو مسافر دو دست دور از هم، ریل‌های موازی تقدیر
لمس دستانِ او محال محال، امشب و او و من محالستان

این سرابِ به رنگ دریا را تا حقیقت هزار فرسنگ است
کاش می‌شد رها شوی از او، از خود و تابو و زنِ افغان

اجازه هست؟

از چشم تو نیاز خریدن اجازه هست؟
فریاد من به ماه رسیدن اجازه هست؟

از بس که ترس لرزه بر اندام دل زده‌ست
از یاد برده‌ایم پریدن اجازه هست؟

یک بوسه بر لبالب تیغ و شکوه مرگ
تار سیاه و سرخ بریدن اجازه هست؟

خوبم اجازه هست هم‌اندیشه‌ات شوم؟
یک درد از تبار تو چیدن اجازه هست؟

زن گشته‌ام که مرد شوم در زنانگی
یک بار بی‌اجازه تکیدن اجازه هست؟

لطفی بکن، مجوز مرگ مرا بده
دارم بزن که زجر کشیدن اجازه نیست

باران احساس

او گم شد و خندید بر ایمان احساسم
من ماندم و دستان سرگردان احساسم

با باوری شیرین نشستم روبه‌روی عشق
گفتم بنوشد یک کم از باران احساسم

با انهدام کامل این باور مضحک
نفرت شده هر روز زندان‌بان احساسم

گویا جنین عشق می‌جنبد درون من
دردی هجوم آورده بر زِهدان احساسم

در خود جنین بندگی را سقط خواهم کرد
گر ناقص‌الخلق‌اند نوزادان احساسم

من یک زنم، امشب کمند گیسوانم را
زنجیر می‌سازم به پای جان احساسم

تا حضرت دلدار تمکینم کند با مهر
تا نشکند با سنگ غم دندان احساسم

دنیا بایست

دنیا! در این چکاچک زنجیرها بایست
بر این همه مصیبت پُر سر صدا بایست

حرف و حدیث زنده به گوری مردمان
سخت است این همیشه برای خدا بایست

باید پیاده‌ام کنی ای لعنتی قطار!
بر ریل‌های ابری تقدیر ما بایست

سبز و سیاه و سرخ نشان امید ماست
بر تارک زمانه بکوب و به پا بایست

پاییز ما بهار شو آهسته‌تر نمیر
فردا به پاس همت ما جابه‌جا بایست

به انجماد رسیدم بلور می‌مانم
من از تبار قسم‌خورده‌ی زمستانم

بلور بهتر از آتش دگر نمی‌خواهم
در التهاب حریر تنت نپیچانم

عسل بریزد اگر از لبات چه سود مرا
لبالب است از اندوه و درد فنجانم

تمام نسل تعصب مچاله خواهد شد
اگر که دامن چین‌دار خود بچرخانم

بیار سنگ ملامت به شانه‌های غریب
به عشوه‌های شب عشق و جسم عریانم

تو از قبیله‌ی صبحی، شبیه بارانی
ببار بر شب من، این کویر حیرانی

چه ساده اشک به زنجیر می‌شود هر دم
تویی دلیلِ من از گریه‌های پنهانی

تو هر چه دور شوی دور، باز نزدیکی
تو گوهری به خدا هم‌جوارِ مژگانی

مقیم شهر نگاهت شدم فقط یک شب
چرا به بزم خیالم همیشه رقصانی؟

همین غزالِ سیه‌پوشِ آرزوهایم
دلیل این همه دیوانگی‌ست، میدانی!

دختر پامیر

رقص آتش شُکوه برف و سکوت، دختر قله‌های پامیرم
من زنم زن نگاه نافذ مهر، نیست جز عشق هیچ تقصیرم

آن بهاران پشت سر مبهم، این زمستان پیش رو خونین
در عمیق دوباره پژمردن با سرانگشت ناله درگیرم

بین این گله‌ی تعصب و دین، چین پیراهنم نماد وفاست
چشم خنیاگران جهل ولی در پی ابتذال و تکفیرم

من نمی‌دانم این جماعت مرگ تا به کی به طرح خشم می‌بافند
تا به کی مُهر ننگ می‌کوبند بر شُکوه صدای تکبیرم

کوه صبرم، فرو نمی‌ریزم پای نیرنگ‌های تابوها
سنگ‌سارم کنید باکی نیست تا ابد زنده‌ام نمی‌میرم

قلب آسیا

به کوچه‌باغِ تبسم اقاقیا ببرید
دلی به ساحتِ دل‌های پارسا ببرید

مرا به وسعت دریای آرزومندی
به سایه‌سارِ سپیدارِ آشنا ببرید

خیالِ سرکش و مستِ مرا به رؤیایِ
سپید با شعف از عشقِ کبریا ببرید

سیاه‌پوشِ خودم، دردِ واپسینِ مرا
گرفته از شب و دل را به هر کجا ببرید

اگر که شمع وجودم فسُرد در غربت
مرا به خاکِ وطن، قلبِ آسیا ببرید

شکوه انهدام

تمام سهم زندگی! گذشتم از تو از خودم[1]
قدم قدم عبور را علی‌الحساب بشنوی

از آسمان چشم تو سقوط می‌کنم که تو...
شکوه انهدام را از این شهاب بشنوی

سکوت می‌کنم تو را، مرا عمیق گُشته‌ای
حقارتی سیاه را به آب و تاب بشنوی

1- پانویس: این شعر در قالب قطعه است و مصراع اول عمداً قافیه ندارد.

به پادگان قلب اگر، صدای پای نفرت است
شعار انقلاب را تو از طناب بشنوی

تو را چو یک گل بنفشه بو کنم و باز
صدای انتحار را از این خراب بشنوی

چارپاره‌ها

بوی خون می‌دهد دهان زمین
آسمان خسته از تعفن او
جنگ، جلاد! عصر تابوت است
بازی خشم و زن تفنن او

پارتی، سازهای ناموزون
ترس دارد نقاب مهمان‌ها
همگی داغ و مست و لایعقل
مُهر ننگی به دین شدند و به ما

تو شرابی اگر نمی‌نوشی
پر ز خون شد دهان مردارت
واژگون کن، بمیر، آتش زن
کرم خورده‌ست ذهن بیمارت

کارد، بینی و گوش، خون بارید
از غرور، از بزرگ پنداری
خسته از رسم این زنانگی‌ام
از تب حیض و مردسالاری

گاه‌گاهی ستاره چشمک زد
دیشب از پشت ابرهای کبود
نور آزادی بیان تابید
از پس فکر مرده‌ای که نبود

زن به دست جراید افتاد و
شعر تر شد برای هر سازی
تا دموکراسی و شبی دیگر
با زن و مرد و جشن خون‌بازی

هستی‌ام

هستی‌ام! قصه امشب از دریاست
از زلالی که گاه طوفانی‌ست
قصه از موج سرکش تقدیر
لحظه‌هایی که غرق حیرانی‌ست

دخترم با غروب دل‌تنگی
آفتابی شوی به لبخندی
دل بریدن به مثل جان کندن
گر به مهری عمیق پابندی

روزها گرم بی‌سرانجامی
دردمندانه در پی نانی
مه در آغوش شب گرفتار است
بستری در غبار و پنهانی

دخترم! زندگی سیاه و سفید
پرده‌های تراژدی در هم
یا سیه می‌شویم و خاکستر
یا زلال، زلالِ چون شبنم

هستی‌ام! انتخاب کن خود را
گر بخواهی تو اوج پروازی
دور کن بند و بندگی‌ها را
گل من! طرح ساده‌ی نازی

متکی بر دیانت خود باش
زیر تأثیر خویشتن‌داری
زن شو و بی‌تکلف امضا کن
سند عشق و عشق‌سالاری

ناخنی پشت کس نخاراند
مردمانیم و مردم‌آزاریم
روی پای خودت بایست گلم!
در جهانی که ما جهان داریم

زندگی دانه‌های انگور است
که از این میوه منع‌مان کردند
حکم تفریق را به ما دادند
دور تابوت جمع‌مان کردند

دخترم قصه‌ی شبم این بود
لالایی که خواب را دزدید
درد ناباوری ز جانت دور
قلب من را همین ز هم پاشید

از طلوع شکفتن‌ات خرسند ـ
شده‌ام، سبز باش و آبی باش
از بهاران مادرت که گذشت
تا جهان هست، آفتابی باش

از خودت دلخوری و دلخورتر
از سکوتی که بین‌تان جاری‌ست
باز هم چشم‌هات پُف کرده
سرگران بین خواب و بیداری‌ست

سر به بالین بیخودی ماندی
ناخوش و بی‌رمق و افسرده
اوج اندیشه‌هات تاریک است
مثل یك مومیایی، یك مرده

شوهرت تا سحر تو را بوسید
با لبانی که گرم عشقت بود
فکر تو جای دیگری بود و ـ
او تو را لحظه لحظه از تو ربود

خسته‌ای از تمام تقدیرت
از شب و روز خود چه می‌خواهی؟
زن شو و گرم در زنانگی‌ات
ناز کن، دل بده به بیراهی

گاه دلتنگ مرد سیگاری
پشت یک در که بسته، می‌مانی
گور سرد غرور تو آنجاست
به ستون شکسته می‌مانی

بوی تند شراب کهنه‌ی او
مست می‌سازدت، بخندانش
خنده‌اش حلقه‌های زنجیر است
ناز کن، ها! بکَش به زندانش

کاش پیدا کنم تو را بانو
تو خود من که گُم شدی در او
با خودت سختِ سخت درگیری
با من و اشك و عشق و یك تابو

پیامک‌های تنهایی

چت می‌کند بیچاره با اندوه چشمانش
صفحه کلیدش دکمه‌های باز پیراهن
رقص قشنگ ناخن رنگی غم‌هایش
هی می‌خراشد سینه را، چون دشت و گاوآهن

چت می‌کند با یک چراغ مرده از امید
با حلقه‌های سرد و پاییزی زنجیرش
گاهی به دل تاول زند، سوزد روانش را
گاهی نویسد از طلوع زشت تقدیرش

زنگ پیامک‌های پی‌درپی ز تنهایی
گوش روان زندگی را سخت آزرده است
امشب تمام باورش درد است از دنیا
روح غرورش ناخوش و زخمی و افسرده است

دیروز مردی خواب‌های رنگی او را
هک کرده و دزدیده از تندیس افکارش
رنجیده خاطر گشته است از بی‌گمانی‌ها
خفته‌ست دیگر نبض آن وجدان بیدارش

فردا مسافر می‌شود در قطب‌های دور
تمرین رسوایی نماید تا عدم با اشک
این هدیه‌ی آن مرد هرجایی‌ست
او هم خیانت کرده با مردانگی با رشک

وقت آن گشته روح سرگردان
از تن لاغرم برون برود
جسم مفلوک را بسوزاند
تا به سرحدی از جنون برود

وقت آن گشته خواب‌هایم را
یک به یک دست باد بسپارم
گیسوان خیال خامم را
به شب انجماد بسپارم

وقت آن گشته سایه سایه ازین ـ
وحشت و اضطراب بگریزم
از وجودی که در هوس گیر است
از شب التهاب بگریزم

تا به کی با منیتی دیگر
می‌شود روز را ورق بزنم؟
صبحی از تیرگی بیارایم
بر شکوفایی شفق بزنم

تا به کی پشت باور مضحک
گام بر گام زندگی باشم
تاجی از عشق بر سر و تنها
زیر یوغی ز بندگی باشم

من که با خویشتن گلاویزم
نیمه‌ی نیمه‌جان من عقل است
عشق تو سر فراز میدان شد
تاخت و باورِ مرا بشکست

خود شکستم در این شکستن‌ها
خود بریدم ز بردباری‌ها
شعر وحشی شد و مرا بلعید
ساده شد چشم انتظاری‌ها

با تو من مست، مست پروازم
بال در بال بی‌بهانه‌ی شعر
گه رهاتر ز گردباد زمان
می‌روم سوی جاودانه‌ی شعر

چشم در چشم تو غزل‌پرداز
لب به لب بازتاب شیر و شکر
تا معمای شب زمین بخورد
در به در می‌روم به سوی خطر

تو نباشی دلم نمی‌ارزد
به پشیزی تمام دنیایم
طعم شیرین این زمانه تویی
تو خداوندگار رؤیایم

زندگی را قدم قدم با عشق
زندگی می‌کنم تو را هر روز
می‌نشینم به روی شانه‌ی درد
بندگی می‌کنم تو را هر روز

می‌گریزم ز هیچ بودن‌ها
شعر تر از سکوت من جاری‌ست
روی آتش اتن بکن با من
زندگانی فقط دل‌آزاری‌ست

گر سکوتی، سکوت می‌بارم
از بلندای یک شب تردید
من به حیران شدن خلاصه شدم
آسمان تا غروب می‌بارید

همه در یک عبور بی‌رمقیم
همه یکدست و بی‌صدا، بی‌هم
آیه‌ی انتحار می‌خوانیم
عقد گشته زنی به حکم عدم

تاب ناباوری نداریم و ـ
سایه‌های شکست پروازیم
گاه هر دم خدا خدا گفته
گاه بر شرک قصه‌پردازیم

ما کجای قیامت افتادیم
تا کجا آتش و زبانه و دود
روزهامان همیشه تکراری
در زمینی که جز فسانه نبود

ناظم نازهای بی‌بنیاد
باز هم سیب سرخ می‌چینی؟
ناتمام است قتل تبعیدی
این همه ناله را نمی‌بینی؟

ما مشق غیرتیم که سبز و سیاه و سرخ
در خون تپیده‌ایم به تکرار برگ برگ
منصور عزتیم که در متن حادثات
بر دار می‌شویم پدیدار برگ برگ

امشب هراس صاعقه در دل نشسته است
از غزه تا نجف به سرك‌های پکتیا
باران خون نبار که ما سرد و خسته‌ایم
از آسمان دودی و تابوت و شانه‌ها

بر نسل نسل عشق و یقین، این سپاه خشم
نامردگونه زخم‌زده، جان گرفته‌اند
این خون‌بهای قتل کدامین عجوزه است
جرمی نکرده از همه تاوان گرفته‌اند

بشکسته‌ایم در قفسی سرد و بی‌صدا
«چشمی نمانده است اگر تر نمی‌کنیم»
یک مشت خاک و خون وطن را، همین و بس
با یک جهان سبز برابر نمی‌کنیم

هبوط

حالم از زندگی به هم خورده
از نفس‌های بی‌رمق در جنگ
یك طرف عکس کودك و دریا
یك طرف دختری نشانه‌ی سنگ

ما همه غرق در تبار خودیم
بوی گند تعصب است و سکوت
فخر بر استخوان پوسیده
که فقط مرگ و ناله است و هبوط

خر شدیم و سوارمان شده‌اند
روی پالانی از تعصب و کین
هی زدند و به راه افتادیم
روی تیغی به نام نامی دین

شاهرگ را برید و باور کرد
که خدای زمینیان شده است
با صدای بلند تکبیرش
مُهر ننگی به آسمان شده است

آی مردم صدای‌تان جاری
لطفاً از انزوا برون آیید
تا به کی غرق در خود خویشید
لطفاً از این کِما برون آیید

گلوی سرخ زمان

مردمی خسته از شب تزویر
چشم در چشم اضطراب شدیم
در پی یک شکستن دیگر
بال در بال التهاب شدیم

گاه هم گر رها شدیم از بند
مهر انگشت‌های‌مان یک راز
مردمی که هزار جنگ‌افکن
مردمی که هزارتا سرباز

ما همه هم‌قطار پاییزیم
نقش آزادگی‌مان سخت است
تا امید دوباره می‌گیریم
جنگ و هشدار بر سر تخت است

امشب از انحنای تلخ زمین
باز هم بوی ناله می‌آید
بوی خون، بوی زرد پژمردن
بوی صد داغ لاله می‌آید

می‌برد ذهن را به دیروزم
روزهایی که جنگ دزدیده
کودکی‌ها خیال هجرت را
در حریری سیاه پیچیده

روزگاری که رشک می‌بردیم
به بهاری که پشت در مانده
برف از خون لاله رنگین و
شام در حسرت سحر مانده

روزگاری که روح شادی را
جسم بی‌جان به گور می‌برد و
مادری شانه‌های لرزانش
عشق را ناصبور می‌برد و

روزهای طلایی‌ام گُم شد
در هیاهوی جنگ و پیروزی
کودکم را همیشه می‌خواهم
سرخوش از صلح، صلح امروزی

کاش راهی به آسمان بزنیم
تا که پروازمان شود جاری
راهِ پر از ستاره‌های یقین
راهِ سبز دیانت و یاری

تاول روزهای دورادور
تازه شد، تازه‌تر مباد از این
امتداد تکلمی شیرین
در تب تلخ آرزوست همین

قهقرای عصیان

من و دیوارهای سخت و بلند
فصل زرد و غروب پژمردن
تو و سردرگمی برای عبور
در حریق قیامت و مردن

آدمی رنگ تلخ خودخواهی
من که گرم ستایش دردم
در لجن‌زار جنگ می‌رقصم
با زمینی که ساخت ولگردم

این زمین جایگاه خوبی نیست
بوی یك لاشه‌ای که گندیده‌ست
دعوتم کن خدای خوبی‌ها
آسمان بزم بهتری چیده‌ست

چکه چکه شراب تلخ تنم
می‌چکد بر گلوی سرخ زمان
تخت و بوی بطالت و مستی
باز در قهقرای یك عصیان

سپیدها

ساز بادها

برمدار شب
عشق‌ام را به دار آویختم
کجا دیده‌ای
که عزاداری برقصد
با ساز باد؟

خاطره

کاش آلزایمر داشتم
خاطرات کپک‌زده
سم‌اند.

بهار و برف

بهار!
چمدان گل‌هایت را کجا گشوده‌ای
که این همه برف
پشت کلبه‌ام نشسته است؟

تبعید

وقتی به جرمِ چیدنِ سیب
تبعید شدم
زمین خاکی بود
و خاک ساده
اندک اندک
رنگ‌ها را شناختند
و نقاب‌ها را ساختند
حالا زمین است
و ملیون‌ها نقاب
و من
کجای این جهان!

دلخون

دلم با غم گذشته سنجاق شده است
نخواه که بازش کنم
دل خون خواهد شد.

امتداد نگاه

سبک بارم
چون پرِ کاه
آنقدر که
بال زدن پروانه‌ای
مرا تا امتداد نگاهت پر می‌دهد.

شادی تنهایی

شادی
کودک سرگردانیست
در پس‌کوچه‌های تنهایی
به سراغش که می‌روم
در بطن شعرهایم گم می‌شد.

پادزهر

بیست و یک ضریب صد
هم‌همه‌ی حقوق بشر
دموکراسی، آزادی بیان
با این همه هنوز
برای زن بودن
پادزهری کشف نشد
دیشب دختری
آرزوهایش را به آتش داد
و مردان یخ‌زده
سر بر زانوی غم نهاده‌اند
ماه‌رخسار!
نور در گیسوان سیاه تو گم نخواهد شد
این سیاهی روزنی‌ست رو به خورشید.

چمدان کوچکی
که تمام سال‌های غربتم بود
و نگاه خیسِ تو
که رد پایم را دنبال می‌کرد
هر سال چروکی تازه
بر پیشانی می‌نشاند زمان
و گودی زیر چشم
ولی تو در صندوقچه‌ی خاطراتم
به همان زیبایی
به همان جوانی
نشسته‌ای و شعر می‌خوانی.

One drop left to become the sea

Hamide Mirzad

Form Publications | نشر فرم